Analys

CW00674756

Le Horla

de Guy de Maupassant

Rendez-vous sur lepetitlitteraire.fr et découvrez :

Plus de 1200 analyses
Claires et synthétiques
Téléchargeables en 30 secondes
À imprimer chez soi

GUY DE MAUPASSANT

ROMANCIER ET NOUVELLISTE FRANÇAIS

- **Né en 1850 à Tourville-sur-Arques (France)**
- **Décédé en 1893 à Paris**
- **Quelques-unes de ses œuvres :**
  - *Boule de suif* (1880), nouvelle
  - *Les Contes de la bécasse* (1883), recueil de nouvelles
  - *Bel-Ami* (1885), roman

Né en 1850, Guy de Maupassant est un écrivain français, auteur de six romans et près de trois-cents nouvelles. Il passe sa jeunesse en Normandie, où il commence des études de droit. En 1870, il s'engage comme volontaire dans la guerre franco-prussienne, puis s'installe à Paris où il travaille comme fonctionnaire.

Gustave Flaubert (écrivain français, 1821-1880), qui est un ami de sa mère, le prend sous sa protection et l'introduit dans les milieux littéraires. Il fréquente alors les écrivains réalistes et naturalistes, dont Émile Zola (écrivain français, 1840-1902). De 1880 à 1890, il écrit des romans (*Une vie*, *Bel-Ami*, etc.) et de nombreuses nouvelles réalistes (*Boule de suif*, *La Maison Tellier*, etc.) ou fantastiques (*Le Horla*, *La Peur*, etc.) dans lesquelles il rend compte de sa vision pessimiste de la société. Il sombre dans la folie en 1890 et meurt trois ans plus tard.

LE HORLA

DE LA TERREUR AU FANTASTIQUE...

- **Genre :** nouvelle fantastique
- **Édition de référence :** *Le Horla* suivi de *L'Héritage*, Paris, Librio, 2006, 96 p.
- **1ʳᵉ édition :** 1887
- **Thématiques :** folie, fantastique, angoisse, hallucination

La nouvelle *Le Horla*, dans la forme que nous connaissons actuellement, est parue en 1887 dans un recueil publié par Ollendorff.

Maupassant y traite de la folie, un de ses thèmes de prédilection, à travers le récit de l'aventure singulière d'un homme qui se voit peu à peu dépossédé de son existence par un être invisible. De tonalité fantastique, cette œuvre prend la forme d'un journal intime écrit à la première personne, ce qui renforce encore son caractère terrifiant.

RÉSUMÉ

8 MAI

Le narrateur habite dans la maison où il a grandi, entre Rouen et Le Havre, en Normandie. Après avoir passé la matinée étendu sur l'herbe, il contemple le passage des bateaux sur la Seine, dont un trois-mâts brésilien.

12 MAI

Le narrateur se sent un peu fiévreux.

16 MAI

Sa fièvre croissante le trouble fortement. Il éprouve la sensation d'un danger.

18 MAI

Il consulte un médecin qui le trouve nerveux, mais qui ne diagnostique aucune maladie. Le Docteur lui conseille de boire du bromure de potassium.

25 MAI

Le narrateur ne constate aucun changement. À l'approche du soir, un sentiment d'angoisse l'envahit. Chaque nuit, il a l'impression d'être étranglé dans son sommeil.

2 JUIN

Son état s'aggrave, et les conseils du médecin sont inefficaces. Pour se revigorer, il décide de se promener en forêt, mais une crise de frayeur et de vertige le saisit. Il se perd, puis retrouve son chemin.

3 JUIN

Ayant passé une nuit horrible, il décide de partir en voyage.

2 JUILLET

Le narrateur est revenu et se sent guéri. Il raconte son excursion au Mont-Saint-Michel et retranscrit la conversation qu'il a eue avec un moine à propos du surnaturel.

3 JUILLET

Il a mal dormi. Son cocher souffre des mêmes maux que lui, mais les autres domestiques se portent bien.

4 JUILLET

La maladie du narrateur reprend avec les mêmes symptômes.

5 JUILLET

Après un nouveau cauchemar, il se rend compte que la carafe d'eau près de son lit a été entièrement vidée. Pourtant, il dort avec la porte de sa chambre verrouillée. Il imagine être somnambule.

6 JUILLET

Ce matin-là, la carafe est à nouveau vide.

10 JUILLET

Plusieurs nuits d'affilée, le narrateur fait des expériences, avec du vin, du lait, du pain et des fraises. Il constate que ces aliments disparaissent, et croit en être la cause. Un autre soir, il enveloppe les aliments de mousseline blanche et se saupoudre de mine de plomb avant de dormir. Le lendemain, tout a encore disparu, mais il n'y a aucune trace de mine de plomb sur la mousseline, ce qui signifie que le narrateur n'a pas bougé dans son sommeil. Il décide de partir à Paris.

12 JUILLET

À Paris, le narrateur, guéri, considère avec ironie ses soucis récents comme le fruit de son imagination. Il retrouve sa bonne humeur et va au théâtre.

14 JUILLET

Il se promène seul en ce jour de fête nationale. Il juge la foule et les dirigeants du peuple avec dédain.

16 JUILLET

Il dine chez sa cousine, Mme Sablé. L'un des convives, le Dr Parent, s'occupe de maladies nerveuses. Ce dernier parle d'expériences d'hypnose et du pouvoir de la suggestion. Les anecdotes racontées par le médecin impressionnent le narrateur, malgré son incrédulité initiale. Dans son journal intime, il relate longuement les détails de l'hypnose que le Dr Parent a pratiquée sur Mme Sablé.

19 JUILLET

Personne ne croit le narrateur lorsqu'il raconte l'hypnose de sa cousine.

21 JUILLET

Il passe la soirée au bal des canotiers.

30 JUILLET

Il est revenu la veille dans sa maison.

2 AOUT

Tout va bien. Les journées sont tranquilles.

4 AOUT

Les domestiques se disputent, s'accusant réciproquement de casser des verres pendant la nuit.

6 AOUT

Terrifié, le narrateur affirme avoir vu une rose cueillie par une main invisible. Se croyant victime d'une hallucination, il aperçoit pourtant la tige brisée. Profondément bouleversé, il est certain qu'un être invisible vit sous son toit.

7 AOUT

La carafe d'eau est encore vide, mais cette fois le narrateur a bien dormi. Il se demande s'il est fou ou s'il est atteint d'un trouble cérébral qui perturbe sa pensée et serait la source de ses hallucinations.

8 AOUT

Bien qu'il ne constate rien d'insolite, le narrateur se sent épié.

9-11 AOUT

Rien ne se passe, mais il a pourtant peur. Il pense s'en aller à nouveau.

12 AOUT, 22 HEURES

Il ne s'est pas décidé à partir et se demande pourquoi.

13 AOUT

Il constate son absence de volonté et son manque de force.

14-15 AOUT

Il se dit possédé par un être invisible qui l'empêche de bouger.

16 AOUT

Il parvient à s'échapper pendant deux heures. À la bibliothèque, il emprunte un livre sur « les habitants inconnus du monde antique et moderne ». Remontant dans la voiture, il se rend compte avoir crié : « À la maison » au lieu de demander qu'on le dépose à la gare : il pense avoir été retrouvé par l'être invisible, qui le reprend sous son contrôle.

17 AOUT

Jusqu'à 1 heure du matin, il étudie avec joie le livre qu'il a emprunté. Il n'y trouve pas la description de celui qui le persécute, mais s'interroge beaucoup sur ce que l'humain ne perçoit pas et sur les extraterrestres. Il somnole ensuite, mais se réveille en sursaut, car il voit les pages de son livre se tourner alors qu'aucun courant d'air n'est possible. Il tente d'attaquer l'être invisible, mais les meubles se renversent comme si celui-ci se sauvait.

18 AOUT

Il prend la résolution de se laisser faire, mais prévoit de se rebeller.

19 AOUT

Dans une revue, il apprend l'existence d'une épidémie de folie à Rio. Il fait le lien avec le trois-mâts brésilien qu'il a salué le 8 mai précédent. Il croit que l'être qui le hante vient de ce bateau. Dans ce qui semble être un délire mystique, il se persuade de l'existence d'une race invisible qui remplacera l'humanité ou la réduira en esclavage. Il nomme celui qui l'oppresse : le Horla.

19 AOUT

Le narrateur prend la résolution de tuer le Horla. Il raconte comment il le guette et comment il tente de le saisir. Le Horla lui échappe. À ce moment, le narrateur est terrifié : il ne voit plus son propre reflet dans le miroir. Après quelques minutes, son image réapparait.

20 AOUT

Il se demande comment atteindre le Horla, comment le tuer. Il rejette l'idée du poison.

21 AOUT

Il fait venir un serrurier afin de placer des persiennes de fer à ses fenêtres et à sa porte.

10 SEPTEMBRE

Le narrateur écrit depuis l'hôtel Continental, à Rouen. Il explique ce qu'il s'est passé la veille : il a laissé ouvertes toutes les issues de sa chambre et a attendu le Horla. Sentant sa présence, il a fermé discrètement toutes les fenêtres et verrouillé la porte à double tour. Ayant réussi à emprisonner celui qui l'opprimait, il a répandu de l'huile dans le reste de la maison et y a mis le feu. Réfugié dans le jardin, il a contemplé le brasier. Le narrateur se demande si le Horla est bel et bien mort : comme son corps était intangible, peut-être était-il aussi indestructible. Il pense finalement : « Non... non... sans aucun doute, sans aucun doute... il n'est pas mort... Alors... alors... il va donc falloir que je me tue, moi !... »

ÉTUDE DES PERSONNAGES

LE NARRATEUR

Dans ce récit en « je », le personnage principal n'est jamais nommé, sans doute afin de faciliter l'identification du lecteur. Propriétaire d'une maison en Normandie, il semble appartenir à un milieu aisé.

Toute l'action est centrée sur lui. Pourtant, il ne vit pas seul dans sa villa puisqu'il mentionne (tardivement) la présence de ses domestiques. Cependant, on le voit très rarement interagir avec d'autres personnes (excepté lors de la séance d'hypnose chez sa cousine). Même à Paris – dans la foule du 14 juillet ou au bal des canotiers – il semble rester un individu solitaire.

Au fil du récit, le narrateur devient d'abord malade, puis fou. La maladie est-elle une condition nécessaire pour que la folie survienne, ou bien en est-elle l'un des premiers symptômes ? En tout cas, ses nausées amènent le narrateur à observer son état de santé. À partir de ce moment, toutes sortes d'idées parasitent sa pensée et le font douter. Plus il réfléchit, plus il s'aperçoit de la fragilité de l'intellect humain et du sien en particulier. Ainsi, il constate :

- l'incomplétude des sens (12 mai, p. 10, et 14 juillet, p. 17) ;
- la précarité de l'équilibre mental (25 mai, p. 11) ;
- le pouvoir de ce que l'on appellera plus tard le subconscient (5 juillet, p. 15) ;
- la menace de la solitude sur l'esprit (12 juillet, p. 16) ;

- l'influence de l'environnement sur l'humeur (21 juillet, p. 21).

En outre, son regard est dorénavant attiré par tout ce qu'il peut trouver d'étrange et d'inquiétant dans n'importe quel objet. Par exemple, lorsqu'il visite le Mont-Saint-Michel, il s'attarde sur « les escaliers tordus [...] qui lancent dans le ciel bleu des jours, dans le ciel noir des nuits, leurs têtes bizarres hérissées de chimères, de diables, de bêtes fantastiques, de fleurs monstrueuses » (2 juillet, p. 13), et il écoute avec passion les légendes surnaturelles racontées par un moine.

Parallèlement, le narrateur prend des notes et se parle à lui-même. En cela même, il correspond au cliché que l'on se fait habituellement de la folie : prenant sa démence pour objet de réflexion, le fou analyse ses propres réactions, commente ses moindres faits et gestes. Petit à petit, il finit par parler seul dans le vide, enfermé dans sa solitude. Totalement déconnecté du monde qui l'entoure, il ne voit plus les autres. Son malaise l'obsède. Croyant raisonner, en fait il se perd en vaines discussions.

Peu à peu, le mal morbide contamine son esprit. Au fur et à mesure que l'obsession du narrateur s'amplifie et que sa lucidité s'évanouit, son discours se disloque, son langage s'emballe et régresse. De plus en plus volubile, il multiplie les mêmes interrogations (« suis-je fou ? ») et les réflexions tortueuses. Les répétitions et les points de suspension indiquent son passage dans la démence : confus, il tourne en rond, s'étourdit et délire. Paralysé, spectateur de lui-même, le narrateur admet finalement son aliénation, au sens propre (il a l'impression d'être l'esclave d'un autre) comme au figuré : « Je ne peux plus vouloir ; mais quelqu'un veut pour moi, et j'obéis [...]. Je suis perdu. Quelqu'un possède mon âme et la gouverne. » (13 et 14 août, p. 24) Il perd toute maitrise de ses actes, toute initiative dans la lutte contre son mal. Une escalade de réactions de plus en plus paranoïaques l'anime : il tente de capturer le Horla, fait venir un serrurier, incendie sa maison et envisage, pour finir, de se suicider.

LE HORLA

Un personnage mystérieux

Centre des préoccupations du narrateur, ce personnage a donné son nom à la nouvelle. Il est omniprésent de la première à la dernière ligne du récit.

Cependant, ce nom ne se rapporte à rien de connu et aucune interprétation ne peut définir ce qu'il est. Il s'agit là d'une volonté de la part de Maupassant. De cette façon, le Horla reste insaisissable.

Qu'on le prononce ou qu'on le lise, le nom du Horla éclate, résonne et interpelle. Son timbre suscite l'imagination. Sur le plan acoustique, ses deux syllabes surgissent, bondissent et claironnent. Pour d'autres, ces sons évoquent les spasmes d'un étranglement, celui du narrateur oppressé par un environnement qui l'étouffe. Par ailleurs, Horla fait-il inévitablement penser à « Hors là ». S'agit-il d'un ordre d'expulsion intimé au héros ? Ou bien se réfère-t-il à un monde au-delà de nos perceptions ? En outre, peut-on le rapprocher de « Oh là ! » Dans ce cas, serait-ce l'injonction d'un dompteur à une bête sauvage, tout comme le narrateur essaie de maitriser une pensée délirante ?

... mais bien réel ?

La description que le narrateur fait du Horla est relativement détaillée pour un être qu'il ne voit pas. En effet, les journées du 6 au 21 aout révèlent une série de caractéristiques du Horla.

Le lecteur est informé sur son apparence : « invisible, nature matérielle, redoutable, force occulte », ainsi que sur ses gouts : il aime le lait, l'eau. En outre, plusieurs détails renseignent sur son comportement : « m'épiant, me regardant, me pénétrant, me dominant, peut toucher des choses ». Il exerce ainsi une force sur le narrateur : « Je désire sortir. Je ne peux pas. Il ne veut pas ; et je reste éperdu, tremblant, dans le fauteuil où il me tient assis. »

Même s'il n'a pas encore de nom, les différentes manières de nommer cette présence (pronoms indéfinis et démonstratifs) la rendent réelle aux yeux du narrateur. « Quelqu'un possède mon âme et la gouverne ! Quelqu'un ordonne tous mes actes, [...]. Mais celui qui me gouverne, quel est-il, cet invisible ? cet inconnaissable, ce rôdeur d'une race surnaturelle ? » (21 aout).

CLÉS DE LECTURE

LA FOLIE, UN THÈME CHER À MAUPASSANT

Entre obsession et affection

La folie est un sujet qui préoccupe Maupassant d'une façon très personnelle. Il a dû faire interner son frère Hervé en 1889 et l'équilibre mental de sa mère était précaire. Sans doute l'écrivain redoutait-il de souffrir lui aussi de démence, ou bien la reconnaissait-il en lui.

Quoi qu'il en soit, la folie est l'un de ses thèmes de prédilection. De fait, rien qu'en tenant compte des titres, cinq de ses récits abordent ce sujet entre août 1882 et septembre 1885 : *Fou ?*, *La Folle*, *Un fou ?*, *Lettre d'un fou* et *Un fou*. Et bon nombre de ses nouvelles mettent en scène des personnages dont la raison vacille. Pour se documenter, Maupassant a même suivi, de 1882 à 1884, les cours du neurologue Charcot (neurologue français, 1825-1893) sur l'hystérie à l'hôpital psychiatrique de la Salpêtrière.

Le Horla : folie du narrateur ou monstre fantastique ?

Le Horla, personnage central de l'œuvre de Maupassant, est complexe. Tout au long du récit, le lecteur se demande constamment s'il s'agit de l'imagination délirante du narrateur ou bien réellement d'un être maléfique. Il est plongé dans l'hésitation constante et ne peut donner d'explications claires à ce personnage. Par ailleurs, le narrateur lui-même oscille entre la conscience de sa propre folie et la croyance en un monstre invisible qui le poursuit. Cependant, malgré les tentatives d'explications rationnelles qu'il tente de lui donner, l'angoisse devient de plus en plus insupportable.

Dans les journées du 16 et du 25 mai, le narrateur décrit son état physique et psychologique sans comprendre ce qu'il lui arrive : « Je suis malade, décidément ! J'ai la fièvre, une fièvre atroce, ou plutôt un énervement fiévreux, [...] » (16 mai)

Par la suite, il décrit son état comme les symptômes d'une maladie inconnue. Néanmoins, il a conscience que quelque chose d'étrange lui arrive :

> « Mon état, vraiment, est bizarre. À mesure que s'approche la nuit, une inquiétude incompréhensible m'envahit, comme si la nuit cachait une menace terrible. Est-ce étrange qu'un simple malaise, un trouble de la circulation peut-être, l'irritation d'un filet nerveux, un peu de congestion, une toute petite perturbation dans le fonctionnement si imparfait et si délicat de notre machine vivante, puisse faire un mélancolique du plus joyeux des hommes, et un poltron du plus brave ? » (25 mai)

En tentant de déterminer son état physique et psychologique, le narrateur révèle l'impossibilité de donner une explication rationnelle aux symptômes qui sont apparus. Peu à peu, le narrateur se transforme en son opposé le plus complet sans comprendre et sans pouvoir lutter. Et ce, malgré son impression de guérison à la suite de son escapade au Mont-Saint-Michel le 2 juillet : « Je rentre. Je suis guéri. » Cependant, les symptômes ressurgissent deux jours plus tard : « Décidément, je suis repris. »

Néanmoins, il cherche à rester au plus proche de la réalité, tentant de rester cohérent :

> « Certes, je me croirais fou, absolument fou, si je n'étais conscient, si je ne connaissais pas parfaitement mon état, si je ne le sondais en l'analysant avec une complète lucidité. Je ne serais donc, en somme, qu'un halluciné raisonnant. » (7 aout)

Plus le récit avance, plus les symptômes deviennent concrets et visibles. Les pages liées au mois d'aout sont remplies de propos incohérents indiquant une certaine folie :

> « Malheur à nous ! Malheur à l'homme ! Il est venu le... le... comment se nomme-t-il... le... il me semble qu'il me crie son nom, et je ne l'entends pas... le... oui... il le crie... J'écoute... je ne peux pas... répète... le Horla... j'ai entendu... le Horla... c'est lui... le Horla... il est venu !... » (19 aout)

La lourde ponctuation ainsi que les répétitions incessantes font état de la folie qui s'empare du narrateur et qui prend soudain un nom : Horla.

Le narrateur tente alors de se convaincre de l'existence d'un être : « Un être nouveau ! Pourquoi pas ? Il devait venir assurément ! Qu'ai-je donc ? C'est lui le Horla, qui me hante, qui me fait penser ces folies ! Il est en moi, il devient mon âme. » (19 aout) Par la suite, il commence à ressentir la présence de cet être invisible. Bien plus qu'une simple « sensation de danger », le Horla devient réel pour le narrateur qui en est terriblement effrayé. Les journées du mois d'aout font état de cette peur : « J'ai vu... j'ai vu... j'ai vu !... Je ne puis plus douter... j'ai vu ! J'ai encore froid jusque dans les ongles... j'ai encore peur jusque dans les moelles... j'ai vu !... » (6 aout)

Le champ lexical de la vue montre la manière dont le narrateur insiste sur cette vision qui l'effraie et rend réel ce qui ne l'était pas jusqu'il y a peu. Mais qu'a-t-il vu ? « [...] je vis, je vis distinctement, tout près de moi, la tige d'une de ces roses se plier, comme si une main invisible l'eût tordu, puis se casser, comme si cette main l'eût cueillie ! Puis la fleur s'éleva, [...]. » (6 aout)

Le Horla prend enfin une forme concrète par le biais de ses gestes, bien visibles aux yeux du narrateur. Le 18 aout, il apparait même distinctement :

> « Je l'ai vu ! [...] et soudain je sentis, je fus certain qu'il lisait par-dessus mon épaule, qu'il était là, frôlant mon oreille. [...] On y voyait comme en plein jour, et je ne me vis pas dans ma glace ! [...] Ce qui me cachait ne paraissait point posséder de contours nettement arrêtés, mais une sorte de transparence opaque, s'éclaircissant peu à peu. [...] Je l'avais vu ! »

Le narrateur, en ne voyant plus son reflet dans la glace, a vu l'être invisible. Entre lui et la glace se trouvait donc le Horla. L'oxymore souligné met en évidence l'impossibilité, pour le narrateur, de le voir réellement. C'est en raison de son invisibilité que l'être est effrayant.

La croyance du narrateur en l'existence du Horla atteint son apogée lors de l'incendie volontaire de sa maison. En effet, persuadé, dans un premier temps, que le Horla est lié à son habitation, il décide de la bruler sans même penser aux serviteurs qui s'y trouvent. Cependant, cet acte ne le convainc pas et il en arrive à la conclusion que le Horla est intimement lié à sa propre personne et que pour s'en débarrasser, il doit se tuer :

> « La maison n'était plus qu'un bûcher horrible et magnifique, [...] où il brûlait aussi, Lui, Lui, mon prisonnier, l'Être nouveau, le nouveau maître, le Horla. [...] Mort ? Peut-être ? S'il n'était pas mort ? [...] Non... non... sans aucun doute, sans aucun doute... il n'est pas mort... Alors... alors... il va donc falloir que je me tue, moi !... » (10 septembre)

L'oxymore (« un bûcher horrible et magnifique ») met en lumière l'horreur, mais également le soulagement, que le narrateur ressent au moment où il pense avoir tué le Horla.

Ainsi, le narrateur, tout comme le lecteur, se questionne en permanence et élabore des raisonnements oscillant entre la folie et le fantastique. Plus le récit avance, plus les hallucinations et les paroles incohérentes apparaissent progressivement dans la vie du narrateur. De même, la présence du Horla se fait toujours plus insistante. Dès lors, il est impossible de déterminer s'il s'agit de sa propre folie ou de la réalité. Le lecteur ne sait pas s'il est fou, ce qui serait une explication rationnelle, ou s'il est réellement victime d'un être maléfique. Malgré tout, il faut souligner que Maupassant, au moment de la rédaction du *Horla*, commençait à sombrer dans la folie. Y aurait-il une corrélation entre les deux ?

LA MAISON, UN SYMBOLE

La maison occupe une place prépondérante dans nos représentations mentales. Elle est, par excellence, un lieu aménagé, ordonné, organisé – bref, un lieu pensé. Elle protège des menaces de l'extérieur. À l'abri, l'être humain peut mettre de l'ordre dans ses idées et rassembler ses esprits. Dès lors, la demeure correspond au siège de la raison.

Or le narrateur croit être devenu *persona non grata* dans sa propre maison. Après avoir été un familier de ses meubles, il se perçoit comme un hôte indésirable. En quelque sorte, les lares (dieux du foyer) protecteurs se retournent contre leur locataire et l'expulsent. Pour régler ce problème, il s'enfuit un temps, effectuant diverses excursions (au Mont-Saint-Michel, à Paris), mais, à chaque fois, le malaise resurgit. Il se sent comme exproprié, il n'est plus maitre en sa demeure. Il a beau en verrouiller les accès, rien n'y fait. Forcé de quitter son foyer, le narrateur est condamné à errer au-dehors, à vagabonder. Puisqu'il est tenu à l'écart de sa maison (siège de la raison), il n'est dès lors pas étonnant que ses idées « battent la campagne et que l'angoisse ruine son esprit ».

UN TEXTE RÉÉCRIT

Le récit qui nous intéresse est le fruit d'une longue maturation. Il se distingue des autres nouvelles de Maupassant par les réécritures que l'auteur en a effectuées. En effet, deux textes antérieurs à la version du *Horla* parue dans le recueil de 1887 nous éclairent sur la réflexion de l'écrivain dans sa recherche de la forme idéale pour rendre compte de la folie.

Trois nouvelles sont donc apparentées :

- *Lettre d'un fou* (1885) ;
- un texte également intitulé *Le Horla*, publié dans deux journaux parisiens, le *Gil Blas* et *La Vie populaire* (1886) – cette version ne fut intégrée à aucun recueil du vivant de Maupassant ;
- la version que nous étudions ici, *Le Horla*, insérée dans le recueil édité par Ollendorff (1887).

Dans *Lettre d'un fou*, un patient adresse une lettre à son médecin, dans laquelle il relate l'histoire de ses souffrances. Après avoir lu une phrase de Montesquieu (écrivain français, 1689-1755) – « Un organe de plus ou de moins dans notre machine nous aurait fait une autre intelligence » –, l'individu se met à douter de ses sens. S'ensuit un dérèglement à cause duquel il affirme voir le surnaturel. L'épisode du reflet perdu est pour la première fois évoqué : une nuit, « l'Invisible » lui dérobe son ombre dans un miroir ; dans l'attente de son retour, le patient ne voit dans le miroir qu'une multitude de monstres.

Le Horla du *Gil Blas* nous montre le Dr Marrande qui invite sept autres confrères ou savants pour étudier un cas rare et singulier. Le patient se confesse, et l'on reconnait déjà certains éléments constitutifs de la version finale. Une fois le récit du malade achevé, le Dr Marrande reprend la parole et pose ses conclusions : « Je ne sais si cet homme est fou ou si nous le sommes tous les deux... ou si... si notre successeur est réellement arrivé. »

Généralement, pour confectionner ses recueils, Maupassant

rassemble pêlemêle une série de nouvelles publiées dans divers périodiques, presque sans les revoir. Du journal au livre, les récits ne subissent généralement que d'infimes modifications. Or Maupassant remanie de fond en comble *Le Horla* du *Gil Blas* : il en augmente la longueur, étoffe le discours du personnage principal, resserre l'action sur cinq mois au lieu de douze, etc. L'écrivain en modifie le contenu à tel point qu'on peut parler d'un nouveau texte : *Le Horla* du recueil édité par Ollendorff.

La comparaison des deux premières versions révèle les inconvénients décelés par Maupassant dans ces nouvelles et la façon dont il y a remédié dans le texte que nous étudions ici :

- **dans *Lettre d'un fou*, le patient analyse ses symptômes d'une façon presque scientifique**. Il pose son cas comme un problème de logique, une équation à résoudre. En témoigne la récurrence des « donc », qui étayent un raisonnement toujours présent, une suite de déductions. Cette *Lettre d'un fou* se pose davantage comme une demande de diagnostic ;
- **dans la version du *Gil Blas*, le Dr Marrande sert d'intermédiaire**. L'intervention du médecin instaure une distance : le cas du patient apparait comme une simple curiosité pour le cénacle restreint des psychiatres, qui ne cherchent pas vraiment à comprendre son vécu. En outre, l'autorité du spécialiste force le lecteur à se ranger à son avis, laissant peu de place pour un autre jugement.

La dernière version, écrite sous forme d'un journal intime, présente plusieurs avantages :

- **sa chronologie rapporte bien l'évolution des symptômes**. Le lecteur suit le narrateur au jour le jour, voit son état se dégrader, se stabiliser, puis s'aggraver. De plus, le lecteur peut l'observer réitérer ses interrogations à la suite de chaque évènement troublant. En inscrivant le récit dans la durée, le journal intime s'oppose donc à la *Lettre d'un fou*, qui nous livrait toute l'histoire d'une seule pièce à la manière d'un compte-rendu structuré ;
- **le discours introspectif supprime tout intermédiaire entre le lecteur et le diariste**. Le lecteur assiste seul à la vie du héros. Plongé dans son intimité, il rentre plus facilement dans son univers et est directement confronté au phénomène relaté. Cette familiarité frappe l'imagination et favorise l'identification : le lecteur partage l'angoisse du narrateur ;
- enfin, **Maupassant se conforme à sa vision du roman réaliste : montrer sans juger**. Le journal intime permet d'exposer une situation. Grâce à ce procédé, l'écrivain évite de joindre le moindre commentaire à ce qu'il décrit.

Bref, après quelques tâtonnements, Maupassant a trouvé la forme la plus adéquate pour raconter la progression de la folie chez un esprit sensible.

UNE NOUVELLE FANTASTIQUE

Le Horla peut être qualité de nouvelle fantastique. Ce genre est défini par l'irruption d'un phénomène étrange et inexpliqué au sein d'un récit réaliste. Déstabilisé par ce « court-circuit » narratif, le lecteur ne peut s'empêcher de chercher par lui-même une explication. Ainsi, il hésite entre :

- **une hypothèse rationnelle** qui rétablit le réalisme du récit. Le narrateur hallucine, il se trompe, il est manipulé par un hypnotiseur, il est la victime d'un mauvais plaisantin, etc. ;
- **une hypothèse surnaturelle** qui accepte l'existence d'un prodige. Un évènement inquiétant a dérogé aux lois naturelles du monde.

Cette distorsion de la vraisemblance de l'histoire reste réduite : de cette façon, les deux propositions coexistent et elles se valent l'une autant que l'autre. De surcroit, aucune des deux n'est vérifiable à partir des données livrées par le récit. Cette équivoque persistante a pour objectif de maintenir le doute chez le lecteur : rien dans le texte ne peut le décider à choisir l'une des thèses comme interprétation unique. L'inexpliqué reste inexplicable.

Dans *Le Horla*, la question n'est pas de savoir si le narrateur est fou ou non, car son aliénation est indéniable. La question porte plutôt sur la cause de cet état : sa folie résulte-t-elle d'une cause naturelle ou est-elle le fruit d'une persécution par un être surnaturel ? Plusieurs hypothèses rationnelles sont possibles :

- une maladie (peut-être apportée par le bateau brésilien) dont la fièvre fait délirer ;
- un empoisonnement, intentionnel ou involontaire (à l'ergot de seigle par exemple, comme chez « les sorcières de Salem »), cause d'hallucinations ;
- l'hypnose (ou l'autosuggestion), dont les effets ont impressionné le narrateur à Paris ;
- un mauvais tour de la part d'un domestique, etc.

Quant à la thèse surnaturelle, elle admet l'existence d'un être invisible et malveillant venu du Brésil par bateau ou d'un fantôme qui hante la maison du narrateur.

Mais nous ne connaissons que ce que ressent le narrateur, qui ne rend compte que de ses impressions personnelles. Nous ne pouvons donc confronter son discours à aucun autre. L'absence d'un regard extérieur empêche donc de trancher en faveur de l'une ou de l'autre hypothèse. Le mystère reste donc entier...

PISTES DE RÉFLEXION

QUELQUES QUESTIONS POUR APPROFONDIR SA RÉFLEXION...

- Les jours à propos desquels le narrateur n'écrit rien ou presque sont-ils des jours sans histoires, dont il n'y a rien à dire ?
- La date du 19 juillet apparait deux fois. Certains y voient une erreur de Maupassant. Si cette répétition est volontaire de la part de l'écrivain, de quoi peut-elle rendre compte ?
- Comment expliquer que le narrateur ait oublié les domestiques alors qu'il boutait le feu à sa maison ?
- S'il s'agit effectivement d'une maladie, comment se fait-il que le cocher, dont le narrateur dit qu'il présente les mêmes symptômes que lui, ne devienne pas fou lui aussi ?
- En quoi l'épisode du miroir sans reflet rend-il compte de l'état mental du narrateur ?
- Avant de nommer le Horla, comment le narrateur désigne-t-il la présence qu'il ressent ? Qu'est-ce que cela révèle ?
- À votre avis, que symbolisent la carafe d'eau, le lait, le pain, la rose, etc. ?
- Quelles caractéristiques du genre fantastique retrouve-t-on dans cette nouvelle ?
- Par quels aspects pourrait-on relier cette nouvelle aux contes de science-fiction des décennies suivantes ? Justifiez votre réponse par des extraits du texte.
- S'agit-il d'un vrai journal ? Si oui, pourquoi ? Si non, pourquoi ? Quelles sont les autres formes d'écriture de soi ?

- Comparez la manière dont Maupassant traite la folie dans son œuvre.

Votre avis nous intéresse !
Laissez un commentaire sur le site de votre librairie en ligne
et partagez vos coups de cœur sur les réseaux sociaux !

POUR ALLER PLUS LOIN

ÉDITION DE RÉFÉRENCE

- Maupassant G. (de), *Le Horla suivi de L'Héritage*, Paris, Librio, 2006.
- Maupassant G. (de), *Le Horla et autres contes fantastiques*, Paris, Larousse, 2008.

ÉTUDES DE RÉFÉRENCE

- Bastien S., « *Le Horla* de Maupassant : la folie à la croisée des courants et des savoirs », in *Voix Plurielles*, vol. 7, mai 2010.
- Beaumarchais J.-P. de et Couty D. (dir.), *Dictionnaire des grandes œuvres de la littérature française*, Paris, Larousse-VUEF, 2001, p. 583-586.
- Bonnefis P., « Commentaires », in *Maupassant G. de, Le Horta*, Paris, Albin Michel, 1984.
- Schapira C., « La Folie – thème et outil narratif dans les contes de Maupassant », in *Neophilologus*, 1990, vol. 74, p. 30-43.

SUR LEPETITLITTÉRAIRE.FR

- Commentaire de texte sur l'incipit de *Bel-Ami* de Guy de Maupassant.
- Commentaire de texte sur le dénouement de *Boule de suif* de Guy de Maupassant.
- Commentaire de texte sur la préface de *Pierre et Jean* de Guy de Maupassant.

- Commentaire de texte sur l'incipit d'*Une vie* de Guy de Maupassant.
- Fiche de lecture sur *Bel-Ami*.
- Fiche de lecture sur *Boule de suif*.
- Fiche de lecture sur *La Maison Tellier*.
- Fiche de lecture sur *La Parure* de Guy de Maupassant.
- Fiche de lecture sur *La Peur et autres contes fantastiques* de Guy de Maupassant.
- Fiche de lecture sur *Le Papa de Simon* de Guy de Maupassant.
- Fiche de lecture sur *Les Contes de la Bécasse* de Guy de Maupassant.
- Fiche de lecture sur *Mademoiselle Perle et autres nouvelles* de Guy de Maupassant.
- Fiche de lecture sur *Pierre et Jean*.
- Fiche de lecture sur *Une vie*.
- Questionnaire de lecture sur *La Maison Tellier* de Guy de Maupassant.
- Questionnaire de lecture sur *La Parure*.
- Questionnaire de lecture sur *Le Papa de Simon*.
- Questionnaire de lecture sur *La Maison Tellier*.

Retrouvez notre offre complète sur lePetitLittéraire.fr

- des fiches de lectures
- des commentaires littéraires
- des questionnaires de lecture
- des résumés

ANOUILH
- Antigone

AUSTEN
- Orgueil et Préjugés

BALZAC
- Eugénie Grandet
- Le Père Goriot
- Illusions perdues

BARJAVEL
- La Nuit des temps

BEAUMARCHAIS
- Le Mariage de Figaro

BECKETT
- En attendant Godot

BRETON
- Nadja

CAMUS
- La Peste
- Les Justes
- L'Étranger

CARRÈRE
- Limonov

CÉLINE
- Voyage au bout de la nuit

CERVANTÈS
- Don Quichotte de la Manche

CHATEAUBRIAND
- Mémoires d'outre-tombe

CHODERLOS DE LACLOS
- Les Liaisons dangereuses

CHRÉTIEN DE TROYES
- Yvain ou le Chevalier au lion

CHRISTIE
- Dix Petits Nègres

CLAUDEL
- La Petite Fille de Monsieur Linh
- Le Rapport de Brodeck

COELHO
- L'Alchimiste

CONAN DOYLE
- Le Chien des Baskerville

DAI SIJIE
- Balzac et la Petite Tailleuse chinoise

DE GAULLE
- Mémoires de guerre III. Le Salut. 1944-1946

DE VIGAN
- No et moi

DICKER
- La Vérité sur l'affaire Harry Quebert

DIDEROT
- Supplément au Voyage de Bougainville

DUMAS
- Les Trois
  Mousquetaires

ÉNARD
- Parlez-leur
  de batailles,
  de rois et
  d'éléphants

FERRARI
- Le Sermon sur la
  chute de Rome

FLAUBERT
- Madame Bovary

FRANK
- Journal
  d'Anne Frank

FRED VARGAS
- Pars vite et
  reviens tard

GARY
- La Vie devant soi

GAUDÉ
- La Mort du
  roi Tsongor
- Le Soleil des
  Scorta

GAUTIER
- La Morte
  amoureuse
- Le Capitaine
  Fracasse

GAVALDA
- 35 kilos d'espoir

GIDE
- Les
  Faux-Monnayeurs

GIONO
- Le Grand
  Troupeau
- Le Hussard
  sur le toit

GIRAUDOUX
- La guerre de
  Troie
  n'aura pas lieu

GOLDING
- Sa Majesté des
  Mouches

GRIMBERT
- Un secret

HEMINGWAY
- Le Vieil Homme
  et la Mer

HESSEL
- Indignez-vous !

HOMÈRE
- L'Odyssée

HUGO
- Le Dernier Jour
  d'un condamné
- Les Misérables
- Notre-Dame
  de Paris

HUXLEY
- Le Meilleur
  des mondes

IONESCO
- Rhinocéros
- La Cantatrice
  chauve

JARY
- Ubu roi

JENNI
- L'Art français
  de la guerre

JOFFO
- Un sac de billes

KAFKA
- La Métamorphose

KEROUAC
- Sur la route

KESSEL
- Le Lion

LARSSON
- Millenium I. Les
  hommes qui
  n'aimaient pas
  les femmes

LE CLÉZIO
- Mondo

LEVI
- Si c'est un
  homme

LEVY
- Et si c'était vrai...

MAALOUF
- Léon l'Africain

MALRAUX
- La Condition humaine

MARIVAUX
- La Double Inconstance
- Le Jeu de l'amour et du hasard

MARTINEZ
- Du domaine des murmures

MAUPASSANT
- Boule de suif
- Le Horla
- Une vie

MAURIAC
- Le Nœud de vipères

MAURIAC
- Le Sagouin

MÉRIMÉE
- Tamango
- Colomba

MERLE
- La mort est mon métier

MOLIÈRE
- Le Misanthrope
- L'Avare
- Le Bourgeois gentilhomme

MONTAIGNE
- Essais

MORPURGO
- Le Roi Arthur

MUSSET
- Lorenzaccio

MUSSO
- Que serais-je sans toi ?

NOTHOMB
- Stupeur et Tremblements

ORWELL
- La Ferme des animaux
- 1984

PAGNOL
- La Gloire de mon père

PANCOL
- Les Yeux jaunes des crocodiles

PASCAL
- Pensées

PENNAC
- Au bonheur des ogres

POE
- La Chute de la maison Usher

PROUST
- Du côté de chez Swann

QUENEAU
- Zazie dans le métro

QUIGNARD
- Tous les matins du monde

RABELAIS
- Gargantua

RACINE
- Andromaque
- Britannicus
- Phèdre

ROUSSEAU
- Confessions

ROSTAND
- Cyrano de Bergerac

ROWLING
- Harry Potter à l'école des sorciers

SAINT-EXUPÉRY
- Le Petit Prince
- Vol de nuit

SARTRE
- Huis clos
- La Nausée
- Les Mouches

SCHLINK
- Le Liseur

www.lepetitlitteraire.fr

ISBN version numérique : 978-2-8062-1995-4
ISBN version papier : 978-2-8062-1140-8
Dépôt légal : D/2013/12603/277

Avec la collaboration d'Erika de Gouveia pour les chapitres
suivants : « ... mais bien réel ? » et « Le Horla : folie du
narrateur ou monstre fantastique ? ».

Conception numérique : Primento,
le partenaire numérique des éditeurs.

FÉDÉRATION
WALLONIE-BRUXELLES

Ce titre a été réalisé avec le soutien de la Fédération
Wallonie-Bruxelles, Service général des Lettres et du Livre.

Printed in Great Britain
by Amazon

59748469R00023